# शायरों सा हाल

अनिकेत कुंदे

Copyright © Aniket Kunde
All Rights Reserved.

ISBN 978-1-68509-374-7

This book has been published with all efforts taken to make the material error-free after the consent of the author. However, the author and the publisher do not assume and hereby disclaim any liability to any party for any loss, damage, or disruption caused by errors or omissions, whether such errors or omissions result from negligence, accident, or any other cause.

While every effort has been made to avoid any mistake or omission, this publication is being sold on the condition and understanding that neither the author nor the publishers or printers would be liable in any manner to any person by reason of any mistake or omission in this publication or for any action taken or omitted to be taken or advice rendered or accepted on the basis of this work. For any defect in printing or binding the publishers will be liable only to replace the defective copy by another copy of this work then available.

This book is dedicated to MY PARENTS, FRIENDS
for all their Support.

# क्रम-सूची

भूमिका ix

नज़्म

1. कुछ ख्वाइशें 3
2. बातें 4
3. तारिफ 5
4. मोहब्बत 6
5. साथ 7
6. तन्हाई 8
7. कम्भख्त दिल 9
8. ख़ामोशी 10
9. हसीन सफर 11
10. ज़रिया 12

शेर-ओ-शायरी

11. दोस्ती 15
12. नसीब 16
13. हसीन चांद 17
14. झुकी पलकें 18
15. गुफ्तगु 19
16. धड़कन सी तुम 20
17. इन्तज़ार 21
18. इज़हार 22
19. अल्फ़ाज - आपबीती 23

# क्रम-सूची

20. दुआ — 24
21. नाराजगी — 25
22. मुस्कान — 26
23. दस्तकें — 27
24. एकतरफ़ा प्यार — 28
25. वक़्त — 29
26. मुलाक़ात — 30
27. मर्ज़ी — 31
28. अल्फाज़ — 32
29. इम्तिहान — 33
30. अफ़वाये — 34
31. इश्क़ - धोखा — 35
32. शायरी सी कहानी। — 36
33. यादें - वादे — 37
34. कहानी मुख़्तसर थी। — 38
35. आस — 39
36. मंज़िल - आसमां — 40
37. ख़याल — 41
38. बेख़बर - तसव्वुर — 42
39. रात के मुसाफ़िर — 43
40. आरजू — 44
41. वक़्त से मिला हु। — 45

# क्रम-सूची

42. ज़िंदगी बाकी हैं।                   46
43. अर्ज़ किया है।                      47

# भूमिका

हर बूंद बूंद समेटे एक दरीया बनता हैं, हर एक अल्फ़ाज़ अल्फ़ाज़ समेटे एक शायरी सा जरिया बनता हैं।।

बस उसी की यह दास्तान हैं, में था बेख़बर जिससे उसी की यह क़िताब हैं।।

ख़ुदसे बया कर सकू, इतना प्रबल होता तो शायरी का जरिया थोड़ी न अपनाता! बस जो बया किया हैं आप एक दफ़ा पढ़लो, कर सको तो थोड़ा दर्द महसूस कर लेना!

धन्यवाद / शुक्रिया!!

*************************

# नज़्म

# 1. कुछ ख्वाइशें

कोई शिकायत तो कोई इनायत दिए जाता हैं ।
कोई शिक़वे तो कोई गीले दिए जाता हैं ||
कोई इश्क़ तो कोई रुसवा दिए जाता है।
कोई आंसू तो कोई जज़्बात दिए जाता हैं ||
कोई जन्नत तो कोई जहन्नुम दिए जाता हैं ।
कोई रूह तो कोई वजूद दिए जाता हैं ||
कोई राह तो कोई मंज़िले दिए जाता हैं |
कोई नींदे तो कोई सपने दिए जाता हैं ||
कोई वजह तो कोई दरख्वास्त किये जाता हैं |
कोई जरूरत तो कोई इजाजत दिए जाता हैं ||
कोई आज तो कोई कल लिख जाता हैं
कोई किताबें तो कोई पन्ने लिख जाता हैं ||
कोई खुशी तो कोई गम दीए जाता हैं ।
कोई मल्हम तो कोई जख्म दिए जाता है ||
कोई दौलत तो कोई ज़िन्दगी दिए जाता हैं।।
कोई नसीहत तो कोई वसीहत दिए जाता हैं ||

# 2. बातें

याद है,
पहले आँखों से ही बातें होती थी हमारी ।
अब यह क़ातिल नजरे हमसे दुर क्या गए ,
कहि बातें भी ख़ामोशी में दफ़न होने लगी हैं ।।

बस तेरे एहसास से जीना सीख लिया मैंने ।
दिल के कोरे पन्नो पे नाम तेरा लिख लिया मैंने ।।
यादों में सही कही तो तुझें देखा करता हु ।
तुझसे मिलने की तेरे साथ रहने की दुआ करता हु ।।

# 3. तारिफ

चाँद भी शरमाया होगा जब ,
उसे तेरा चेहरा नज़र आया होगा।
उसने भी कहा होगा के ए ख़ुदा क्या कमी थीं मुझमें ,
के तूने एक और चांद बनाया होगा ।।

# 4. मोहब्बत

मोहब्बत करतें हैं आपसे ,
उसकी सजा मत देना ||
हमसे ना मिलने की ,
कुछ वजह ना देना ||
प्यार करते रहेंगे ,
आपसे उम्र भर।।
बस एक पल ,
दिलसे मुस्कुराह देना।

# 5. साथ

ज़िंदगी थी अधुरी तेरे बिन , अब कहि पूरी लगने लगी हैं ।
बस ऐसेही साथ देना मेरा , अब हर एक सांस तेरी लगने लगी हैं ।।
काश यह पल कहि खो ना जाएं , अब सांस लेना मुश्किल हो ना जाएं ।
अंजान थे हम जरूर तेरी याद में की यह दिल तेरे नाम अब हो ना जाएं।।

# 6. तन्हाई

जितना पास आने का सोचु ,
उतना दूर जा रहा हु ।।
ख्वाइशों में भी तुझसे ना मिल पा रहा हु ।
कुछ तो गलती हुई हो मुझसे शायद ,
तन्हाई में भी ना कुछ कह पा रहा हु।।

# 7. कम्भख्त दिल

तेरी गलियों से युंही गुजरा करते थे।
यह सोच के की नज़रे कभी तो चार होगी ।।
कभी न कभी तो यह दिल के पार होगी ।
पर कम्भख्त दिल भी इतना कमजोर था ।
के तेरे इशारो के तीर यह सह न सका ।।

# 8. ख़ामोशी

ख़ामोशी कुछ और तो बातें कुछ और कहती है ।
आँखे कुछ और तो यह पलकें कुछ और कहती हैं।।
दफ़न ना कर इस हसीन मुस्कुराहट को किसी नकाब के पीछे ।
साँसे कुछ और तो धड़कने कुछ और कहती हैं।।

# 9. हसीन सफर

बेरंग बादलों को आसमान में रंग भरते चला हु ।
खुशनुमा तेरी मुस्कुराहट को साथ लेते चला हु ।।
दुर दुर कहले तु इस हसीन सफर को ।
नाम तेरा दोहराते कोरे कागज़ो पे लिखतें चला हु ।।

# 10. ज़रिया

दरिया भी क़भी ज़रिया बन जाता हैं।
नदी को बहने का ।।
साया भी कभी रहनुमा बन जाता हैं।
साथ चलने का ।।
ख्वाईश भी कभी जरूरत बन जाती हैं ।
ख़्वाब देखने की ।।
और तु
तू कभी इन यादो से तड़पाती है।
याद, याद ना रहती अब।।

# शेर-ओ-शायरी

# 11. दोस्ती

🙠🙠🙠

नापना होता तो दोस्ती से अच्छा समिन्दर की गहराई ही नाप लेता ।
पता तो चलता कि , यह समिन्दर ही कितना खफा है मुझसे।।

🙠🙠🙠

कहि बार इशारों में मुलाकात होती रहीं हमारी ।
इस बेरहम दुनिया ने दोस्ती को प्यार समझ लिया ।।

🙠🙠🙠

समुंदर की लहरों पे तहरती ज़िन्दगी की यह कश्ती न होतीं।
अगर ख़ुशनुमा बेशक़ दर्द से परे इस दो दिन के ज़िन्दगानी में आपसे दोस्ती न होतीं।।

🙠🙠🙠

# 12. नसीब

नसीब में नहीं था मिलना कुदरत ने मिला दिया ।
शिकवे क्या कम थे जिंदगी में कें एक और गिला दिया ।।

मेरा हर एक लम्हां मुझे 'तेरी याद दिलाता हैं।
तू रहे या ना रहे पास तुझंसेही जाके मिलाता हैं।।

ना कभी आंखोंसे से मुलाकात हुई हमारी, ना कभी बातों से
।
फिर क्यों दिल आप का ख़याल करने लगा ।।

# 13. हसीन चांद

ढ़क लिया उस बादलोंकी चादर ने उस हसीन चांद को ।
जिसको देख हमने कितनी दफ़ा नाज़ किया है तुझपे ।।

बारीश की हर बुंद किसीं के गले के मोती के तरह
मोहताज नहीं होता,
जिस पे बरसता हैं बस सुकून देता हैं ।।

तु अग़र समुंदर तो में किनारा तेरा,
तु अग़र चांद तो मै तारा तेरा ।।
रास्ता तेरे होने से आसान है मुझे,
तू ना हो तो हर कोई अनजान है मुझे।।

# 14. झुकी पलकें

पलकें झुकी थी , लफ्ज़ क़ैद थे |
पर मुस्कुराहट इतनी क़ातिलाना की ,
दिल आ गया आप पे ||

ख्वाबो मै देखते थे तुझे ख्वाब मे ही देखते रह गये।
तुझे अपना ने की दुआ थी मेरी, बस दुआ मैं मांगते रह गये।।

पलकें उठी और आख़िर आँखे रूबरू हुई ।
किसी बहाने मुलाक़ात तो हुई ।।

# 15. गुफ्तगु

गुफ्तगु करणी थी आपसे 'तेरी आखों मै उलझें रह गये।
ओठो से करणी थी बात आपसे जो दिलसेही कह गये।।

तो वज़ह तू थी,
तू गुज़रने वाली राहो को अलविदा कह दिया,
नाराज़गी जो थी।
पर नाराज के इस दिल मे,
तो वजह तु थी।।

खफा नही हू तुझंसे गलती मुझसे ही हो गई।
कहनी थी तुझंसे एक बात जो अधुरी ही रह गई।।

# 16. धड़कन सी तुम

शब्द सा मैं,
अर्थ सी तुम |
दिल हु मैं,
धड़कन सी तुम।।

बैठो हमारे रूबरू,
देखो न आखों में यु हूबहू |
दिल में भी ना मिलों तुम अगर,
ख़फ़ा यू होके मिलु न मैं अगर।।

# 17. इन्तज़ार

कागज और कलम तो बस जरिया है,
की हुई मोहब्बत को बया करने का ।
अक्सर दर्द तो दिल ही सेहता हैं।।

अगर आँसु ही दिखाने होते , तो मुस्कुराहट ना होती चेहरे
पे किसी
ग़म को दबाने की।।

इन्तेज़ार करना तो सिख ही लिया मैंने ।
यहा वक़्त पर हासिल कुछ होता ही नहीं।।

# 18. इज़हार

वो जानतें थे मेरा घर पर उनका दीदार क़भी दस्तक़ दे ना सका।
वो जानतें मोहब्बत बख़ूब पर कमबख़्त दिल इज़हार कर ना सका ।।

दोस्तो !!!!!!!!
इज़हार करना यूही इश्क सिखा देता है ।
आशिकी में प्यार को भी खुदा बना देता है।।

अफ़सोस इस बात का नहीं की, आपकी गुंजाईश इस दिल तक पहुंची नही।
अफ़सोस तो इस बात का है,के हम बेवजह गुनहगार ठहराये गये।।

# 19. अल्फ़ाज - आपबीती

वाकिफ तो हैं ज़िन्दगी हमसे खूब ,
पता नहीं क्यों अंजान बन बैठी हैं ॥

जुबान से निकले हर अल्फ़ाज की आपबीती क्या बताऊ मैं |
तड़पन की कहानी इनकी, आंखों से कैसे सह पाऊ मैं ॥

पन्ने पे यह अल्फाज समेट ने की वजह तो तू थी।
पर आजकल यह अल्फाज ही ख्वाबों में दफ़न हो रहे है मेरे ॥

# 20. दुआ

❀❀❀

दुआ भी कभी सच्चे दिल से कि हुई तो ही पूरी होती है।
हर जगह झूटो की तादाद है खुदा वाकिफ़ है इससे ।।

❀❀❀

फ़ुरसत नहीं हो तो बाते मत करो।
निभाने नही आते तो वादे मत करो।।

❀❀❀

दूर का सितारा,
दूर ही रहा , उसे कभी न चांद नसीब हुआ |
ना ही मेरी शायरी ।।

❀❀❀

# 21. नाराजगी

कोस मत इस दिल को ,
क़सूर इस दिल का क्या इसनें जो ख़ुदको खोया हैं ।
क़सूर तो इस मोहब्बत का हैं जो तु बेतहाशा रोया हैं ।।

नाराजगी लबों तक रहे तो जायज़ हैं ।
आंखों तक गयी तो दिल बिखर जाते हैं।।

आज भी नज़र अक्सर तेरे राह पे जाती है ,
पर तू न मिलती ना ही तेरा वजूद वहा पे ।।

# 22. मुस्कान

ख़ूबसूरती देख तेरी आयना भी शर्मा जाए ।
फ़िर सोच हम तो तेरे दिवाने हुए बैठें हैं ।।

पलकें क़भी उठाया कर हम जैसे सिरफ़िरे हजारों दीवाने
हुए बैठे हैं तेरे !

आप रूठ जाओ तो थम जाती हैं धड़कन हमारी ।
बस यह याद रखना ,
आपकी एक मुस्कान काफ़ी है हमारे दिल बहलाने केलिए।।

# 23. दस्तकें

धड़कन ना धड़के तब भी ज़िंदा तो है हम।
यु ख़ाली दस्तकें दे कर वक़्त जाया ना करो।।

ख़यालो की जगह ख़्वाबों ने ली है, जायज़ है आंख खोलें ख़्वाब दिखाई देंगे।
दिल दर्द सहे यही बेहतर है, तड़पना तो आंसू बया करते ही रहेंगे।।

कभी उसने भरोसा दिलाया, कभी बख़ूब हसाया ।
ग़म से नाता तो पुराना था, पर बस इस मोहब्बत ने रुलाया।।

# 24. एकतरफ़ा प्यार

प्यार तो वादों के सहारे से होता है।
और एकतरफ़ा प्यार सिर्फ किसी एक के वजूद से।।

रुकता न में इन झूठे वादों से,
टूटता न में इन के इरादों से ।
हर पल में वज़ह हु बेवज़ह ,
बहता न में इन टूटी कश्तियों से।।

अग़र प्यार हो ना, तो एकतरफ़ा हो।
क्योंकि झुठे वादे इसे बांधे नहीं ऱखते।।

# 25. वक़्त

राह तू देखे मेरी हर वक़्त, हर इस हकीकत से डरता हु।
फिर भी वापस तेरे पास आने की मिन्नते करता हूं।।

हर वक़्त साथ तेरा होता तो,
क्यों यह रास्ता अंजान होता,
बस यह, सफ़र खुबसूरत होता।।

वो कहते रहे अभी वक़्त नही है।
उनके वक़्त ने भी हमे इतना सख़्त बना दिया ,
की अगर टूटे भीं ना तो अफ़सोस नही होगा।।

# 26. मुलाक़ात

मुलाक़ात रुबरू हो एक दफा ,
यह दरखास्त थी ,
वो सपना रहा और हम अनजान ॥

तुझसे कैसे मिलु मैं,
ना कोई राह दिखाई देती है |
मुझे तेरे पास आने की,
बस एक आस लगी है के,
तुम ही कभी आओगे फिर
इस रास्ते ॥

# 27. मर्ज़ी

☙❦❧

मर्ज़ी तो मन की होती है, सहना दिल को पड़ता है।
हक़ जताने से कुछ नही होता, ज़िन्दगी ख़ुदसे जीना पड़ता है।।

☙❦❧

सोचो ऐसा क्यों हुआ,
रास्ता नापने लगे और दूरी और बढ़ गयीं।
प्यार करने लगे और यह मज़बूरी औऱ बढ़ गयी।।

☙❦❧

शायर कहे, सांसों से ज़िंदा हो तो मर जाना अच्छा।
मरने से मरना है तो जीना क्या बुरा।।

☙❦❧

# 28. अल्फाज़

अनकहे अल्फाज़ो से बहुत कुछ कहलवाया है।
बग़ावत करेंगे यह जरूर, थोड़ा सा संभल जाओ ।।

लिखता हूं वहीं जो अल्फ़ाज दिल समेटे,
हम तो इतने गवार हैं के, जाने (अल्फाज़ो) वाले को जाने दिया ।।

अनकहा अल्फ़ाज हु ,
बिखरा हु यहा वहा।
चाहें तो समेट लेना।
मिलूंगा न फिर इन राहो पे।।

# 29. इम्तिहान

ज्यादा कुछ कहु और आप समझ जाओ इतना आसान भी नही हु मैं।
नदी का बहता पानी हु, रोकने से रुक जाऊ इतना नादान भी नही हु मैं।।

बदलना किसे हैं ज़िन्दगी को,
बस इसी राह पर किसीका साथ मिल जाये ।।

हजारों मैं कीसी एक को,
जो चाहें वो नसीब होता हैं ।
हमारी चाहतों मेही इम्तिहान लिखा हैं ।।

# 30. अफ़वाये

दर्द और प्यार बस अफ़वाये है,
एक बहता पानी तो दूसरी बस हवाये है।।

राह देखते तेरी यादों को भी भुला चुका हूं।
अब कौन तू और तेरी याद, बस में बर्बाद हो चुका हूं।।

आयने से देख वो बातें कर रहे थे,
आयने से तो सही पर ख़ुदसे वो मिले ।
देख अपना चेहरा और यादों में ढले।।

# 31. इश्क़ - धोखा

तेरी हथेली पे निकालकर यह दिल थाम दु,
तूम बेवफ़ाई नही करोगे यह कैसे मान लू।।

अगर शराबी होते तो शराब सी मोहब्बत होती।
पर बुरी लत ना लगाना, आखिर इश्क़ ने सीखा दिया।।

पता तो सबको हैं इश्क़ से धोखा मिलेगा,
पर प्यार भी तो सबको करना है।।

# 32. शायरी सी कहानी।

मेरी ज़िंदगी की है कुछ शायरी सी कहानी।
शायर खुद वक़्त ने बना दिया बाकी उन की मेहरबानी ।।

दीवानों की बस्ती बस वही हैं,
जहा तेरी राह न आती।
ख़ुदा खुद तड़पा था कभी मोहब्बत के लिए,
जहा से कभी ना थीं।।

दर्द तो दर्द से वाकिफ़ है साहब ,
पर हमसे से यह नाता जोड़ बैठा हैं।।

# 33. यादें - वादे

बात नहीं करनी तो,
ख़ाली अरमान मत दिखा।
वादे निभाने नहीं आते तो,
झुठे आंसू मत दिखा।।

चलो थोड़ी बहोत बाते कर लेते हैं।
कुछ भूलि हुई यादें याद कर लेते है।।
पनाह देना हमारा शौक़ नही,
पर शौक़ से यह दिल तेरे नाम कर देते हैं।।

# 34. कहानी मुख़्तसर थी ।

❦❦❦

कहानी मुख़्तसर थी,
वो मिली दरख्वास्त से।
वक़्त ने वक़्त जाया किया,
कहानी जो मुक़्क़द्दर थी।।

❦❦❦

अपनी ही तलाश में ,
निकलें ते ढूंढ़ने ख़ुदको।
अपने ही वजूद से घबराकर,
रह गए बस तेरे होकर।।

❦❦❦

# 35. आस

ख़ुदा से आस लगाए बैठे थे दो दिल,
पर दिलों को मिलाना खुदा के बस की बात कहा थी।।

किसी को अब थामकर नहीं रखा जा सकता,
यह जान के अनजान वादों का दौर है, पर
दिल मे बसा के रखो, वादों से न मुकरता कोई।।

इस हसीं मुस्कुराहट को छुपालु मेरे चेहरे के पीछे।
पर तु अनदेखी हो जाती हैं यह मेरी तड़पन है।।

# 36. मंज़िल - आसमां

पाना खोना लगा रहेगा,
बस खोने से टूटेगा दिल ।
आना जाना लगा रहेगा,
बस जानेसे ख़फ़ा मंज़िल ।।

शाम का इशारा है,
ढलता सूरज सारा हैं।
तू बसी है, आसमां में कही
जो आसमां हर पल बस मेरा है।।

# 37. ख़याल

ऐ अधुरेपन,
किसी अनजान हात को हात मेरा थामने दे।
अकेला युहीं बार बार ख़याल कर लेता हूं।।

बेपनाह मोहब्बत का नतीजा जो दर्द दिल सह रहा हैं।
गौर कर इस नाचीज़ पे, यह दिल दीवाना कह रहा हैं।।

रिहाई कौन मांगे, उस हसीं चेहरे से।
हम तो ता-उम्र कैद होने को तैयार हैं।।

# 38. बेख़बर - तसव्वुर

तुम न मिलती तो इश्क़ से भरोसा उठ जाता।
तुम न मिलती तो दिल से भी नाता टूट जाता।।

मैं बेख़बर हु उस मोहब्बत से,
न जाने कुछ महसुस किया न होगा।
मैं वाकिफ़ हु उस तसव्वुर से,
जिसनें उस मोहब्बत से बेख़बर किया होगा।।

# 39. रात के मुसाफ़िर

ओ रात के मुसाफ़िर,
बस इन यादों को सुला दो।
में इन्हें ख़्वाबों में देखना चाहता हु ।
यह मेरी नींद हराम कर रही हैं।।

हम मनमौजी,
राहे मिले तो चल पड़े।
रोक के तो आंसू को थे,
जो बारिश ने आके छुपा लिए।।

# 40. आरज़ू

ख्वाबों की जग़ह आरज़ूओं ने ली होती तो।
आज हर आरज़ू मुक़म्मल होती।।

हम बस उन ख़याली यादों में जीते रहे।
आप चार क़दम चल दिये।।

रातें बस एक संदेश के बिना गुज़र रही हैं।
और ज़िन्दगी 'हा' और 'ना' के दरमियां।।

# 41. वक़्त से मिला हु ।

एहसास तेरे होने का हैं, बस कमी तेरी ना होने की।
दर्द से भरे हैं हर औऱ, बस बया आँसुओ बग़ैर रोने के।।

सोचा पलकों को आराम दु, पर वो आपसे हटे तब ना।
आप न देखो इस तरफ़ जब मन भी रूठे तो ख़ुदसे।।

वक़्त से मिला हु, इसलिये वक़्त की क़दर करता हु।
वैसे में तुझसे भी मिला था ना?

# 42. ज़िंदगी बाकी हैं ।

संभले हैं, रुके थोड़ी ना,
बस कुछ पल की खामोशी हैं।
उभरेंगे एक दिन अपना सूरज लेके, ऐ दोस्तों,
लड़ने के लिए पूरी ज़िंदगी बाकी हैं।।

# 43. अर्ज़ किया है।

वो कहते हैं कि आप, शायरी कमाल की लिखतें हो।
यूंही लिखते हो या सच मे दर्द लिखतें हो।।
मैने भी कह दिया, की अर्ज किया हैं।
इनायत से लिखतें हैं, इक़रार आ ही जाता हैं।
क़ुरबत से लिखतें है, इज़हार आ ही जाता हैं।
न चाहें फिर भी,
यूंही लिखते हैं तो दर्द आ ही जाता हैं।।

www.ingramcontent.com/pod-product-compliance
Lightning Source LLC
LaVergne TN
LVHW041546060526
838200LV00037B/1165